먼 곳으로부터 먼 곳까지

실천시선 236

먼 곳으로부터 먼 곳까지

2015년 9월 18일 1판 1쇄 찍음
2015년 9월 25일 1판 1쇄 펴냄

지은이 전성호
펴낸이 김남일
편집 이호석, 박성아, 이승한
디자인 김현주
관리·영업 김태일, 채경민

펴낸곳 (주)실천문학
등록 10-1221호(1995.10.26)
주소 서울특별시 마포구 월드컵로10길 48 501호(서교동, 동궁빌딩)
전화 322-2161~5
팩스 322-2166
홈페이지 www.silcheon.com

ISBN 978-89-392-2236-6 03810

이 도서의 국립중앙도서관 출판시도서목록(CIP)은 e-CIP홈페이지(http://www.nl.go.kr/ecip)와 국가자료공동목록시스템(http://www.nl.go.kr/kolisnet)에서 이용하실 수 있습니다.
(CIP제어번호:CIP2015024925)

실천시선 236

먼 곳으로부터 먼 곳까지

전성호

실천문학사

차례

제1부

식탁 11
집집마다 문을 두드리는 파도 소리 12
남산 소월길 14
한강철교 부근 16
고양이는 아침을 뒤집고 18
은마실비집 19
송정 앞바다 20
목차 22
철도노조 파업에 부치는 우화 24
짜고 둥근 눈물 26
요산 선생 28
산벚나무 30
허상진 32

제2부

세인빤을 들어 올리는 이슬 37

냐웅벤 38

각 깎기 40

나르기스 42

바간 쉐산도 파고다 44

떼진 꽃 46

따웅지 48

빈 병 50

양곤 다운타운 51

양곤의 개 52

흘란따야 쉐린방 54

차웅따, 또 하나의 빈방 56

이발소에서 57

우빼인 데라 58

인레 호수 60

황금의 짜익티요 62

뜬떠 나르기스 64

파도인 듯 풀잎인 듯 바람인 듯 66
나도 모르게 어긋나는 68
오카리나 70
세상의 모든 잎들이 귀를 세우는 밤 72
이방인이 되어 74

제3부

해남 가는 길 79
회야강 건너 80
고연리 82
냇가에 나와 84
겨울눈 돌담 86
봄 직진 87
耳鳴 88
아버지의 목소리 90
발 91
한낮 92

크리스마스카드 93
장자의 찜질방 94
즐거운 갑신년 96
집들이 98
봄 갈릴리 기도원 100
콩나물국 102
내 사람 104
회갑 날 105
솜방망이 꽃 106
층간 소음 108
거울과 강아지 110
야외 공연 111
납작한 양말 112

해설 김형수 113
시인의 말 123

제 1 부

식탐(食貪)

—다 잡수신 땅

해와 달 사이
없는 자 있는 자 서로 발목 잡고
그만 잡수시라
끝내 제 입으로
밥그릇 그 가파르고 위태로운 높이를
삼켜버린 사람들
이미 사라지고 없는
해와 달과 그 사이
그만 잡수시라.

집집마다 문을 두드리는 파도 소리

매운바람, 빈 골짜기에 눈석임물 흐른다
어깻부들기 수평으로 눈을 맞춘다
넘치지도 기울지도 않는 네 수평은 깊어
북한산 능선에 걸려 발목이 잘린다
오늘은 가회동 옥상 너머
흰 바위 솔밭 잔설 어디쯤
봄에 떠난 물소리 귀를 내민다

떨어져 내린 신발과 핸드폰 문자를
끌어 올린 산정 눈부시게 환해
흰 구름 같은 발자국들 둥둥 떠 흘러온다
청계광장 낮은 거리로 내려가는 물소리
집집마다 문을 두드리는 파도 소리

삼청공원 숲을 지나
높은 산 이마에
노란 리본을 묶어준다

산 정상의 흰 눈을 담임선생님처럼
모시고 집으로 돌아오는 하행길

먼 곳에서 수평의 금빛 눈물 반짝이는 봄.

남산 소월길

큰숨 내쉬며
낡은 자전거 끌고 가는 그림자

바퀴살에 튕겨나가는 햇살
자꾸 그림자를 산으로 끌어 올린다
참나무 잎사귀에 피부를 맞댄 채
한나절 남산에 묻혀볼까

한낮 시름시름 케이블카를
끌고 가는 시멘트 계단들
높은 곳에서
소나무들 내려다보는
서울 남산 전망대

쳐다보며 까닭 없이 안도하던
서울 전망대
지금은 보이는 모든 것들에게

안녕 따위는 물을 수도 없는.

한강철교 부근

한강철교 위를 나는 갈매기
이태원 강변 아파트를 거슬러 올라간다

둔치로 내려서면
비껴나는 잠자리들이 즐겁다
몰래 슬쩍 늘었다 줄어드는 허공
가벼운 날개들 오가는 물가

일렬종대로 걸어가는 코스모스들이
높은 위도를 따라 북상한다

안팎을 오가는 것이 색깔뿐일까
한 번도 이름을 얻은 적이 없는
일년생 풀꽃들의 가는 허리 물 쪽으로
낭창 휘어졌다 되돌아온다

구청 녹지과 직원과 인부들이

오토바이를 타고 사라진 뒤
공중에서 짝으로 몸을 이루는 잠자리들
섬광처럼 햇살을 데운다

어떤 인과도 상관없는 심심한 구름
사건 없는 날의 전언통신문을 읽어내린다

늘 새로워지는 것이
사는 이유일 리 없는데

갈매기들이 찍 갈기고 가는 둔치
똥 위에 내려앉는
난데없는 토씨 하나
한강 덤불 속에 묻혀 썩어간다.

고양이는 아침을 뒤집고

까치가 아파트 정원에 내려앉아
아침밥을 쪼는 참
줄레줄레 고양이가
까치밥을 노린다
날개보다 빠른
시퍼런 목청이 번개처럼
나무 위로 튀어 오른다
나를 살리는 것은
저렇게 위험 속에서
앙칼지게 뼈가 자라는 순간이다
눈코 뜰 새 없이
지나가버리는 아침 식사.

은마실비집

낮술에 취한 얼굴들
역한 입 냄새와 끝이 둥근 사투리들이
햇살을 박차고 튀어 나간다
가장 노릇 구박받는 사내들 앞에
짱깨집 배갈병 쓰러진다
먹다 남은 검은 춘장에
양파 조각을 씹다
손가락까지 다 빨아 먹은 뒤
신당동 막다른 골목 지나
결국 여기인가 은마실비집
빈 병처럼 다 비우지도 못한 몸
종일 빈속에
깨진 유리 조각 같은 쌍욕만 삼키다
해 넘어 돌아가는 가죽 가방 하나
시디 신 깍두기보다 붉고 매운
등 뒤, 하늘 밑.

송정 앞바다

발동기 소리에 장화 코끝이
찢어지는 노 씨
송정 앞바다 물길을 밀어낸다
장딴지 근육에 힘이 다 가신
니가 어쩔 것이냐
가르랑대며 기어오르는 물길
부드럽게 고삐를 잡아당겨
물이랑 뒤 물이랑 쌓아간다

산소 부족한 대구 아가미처럼
가쁜 숨소리로 냅다 던진 그물 속엔
험한 욕만 가득 올라올 뿐
나이가 같아 눈길 익은 환갑 지난 목사님
평생 바다에서 사셨으니
이제 깊은 물길이 다 보이지 않느냐고
웃으시지만 가물대는 섬
풍어는 평생 물 밖 천 리

할 수 있는 일은 언제나 엔진에
발동을 거는 일뿐
힘 빠진 발동기 구멍에 뼛심을
심어 뿌리를 뽑듯 바다를 끌어당기는
질긴 팔근육뿐.

목차*

—또 다른 아케이드 프로젝트

자유시장이라는 것은 없다

기업은 소유주 이익을 위해 경영되면 안 된다

잘사는 나라에서는 하는 일에 비해 임금을 많이 받는다

인터넷보다 세탁기가 세상을 더 많이 바꿨다

최악을 예상하면 최악의 결과가 나온다

거시경제의 안정은 세계경제의 안정으로 이어지지 않았다

자유시장 정책으로 부자가 된 나라는 거의 없다

자본에도 국적은 있다

우리는 탈산업화 시대에 살고 있는 것이 아니다

미국은 세계에서 가장 잘사는 나라가 아니다

아프리카의 저개발은 숙명이 아니다

정부도 유망주를 고를 수 있다

부자를 더 부자로 만든다고 우리 모두 부자가 되는 것은 아니다

미국 경영자들은 보수를 너무 많이 받는다

가난한 나라 사람들이 부자 나라 사람들보다 기업가 정신이 더 투철하다

우리는 모든 것을 시장에 맡겨도 될 정도로 영리하지 못하다

교육을 더 시킨다고 나라가 더 잘살게 되는 것은 아니다

GM에 좋은 것이 항상 미국에도 좋은 것은 아니다

우리는 여전히 계획경제 속에서 살고 있다

기회의 균등이 항상 공평한 것은 아니다

큰 정부는 사람들이 변화를 더 쉽게 받아들이도록 만든다

금융시장은 보다 덜 효율적일 필요가 있다

좋은 경제정책을 세우는 데 좋은 경제학자가 필요한 건 아니다.

---

* 장하준의 『그들이 말하지 않는 23가지—더 나은 자본주의를 말하다』의 목차만을 옮겨놓았다.

철도노조 파업에 부치는 우화(寓話)

맑은 물소리 퉁퉁 튕기며 걷는 여치들
—뚫어놓고 말 거야
목울대를 조이는 힘 보신 적이 있나요
지붕 처마 속 한꺼번에 작은 지저귐 쏟아놓는
참새들 웅변 들어보셨나요
물총새가 찍 갈기고 간 물새 똥
잘 말린 만병통치약이라는 소문 들어보셨나요
물웅덩이 속 붕어들이 망가진 턱뼈를 세워
뻐끔뻐끔 물 위로 밀어 올리던 거품
듣지도 보지도 못한 고래 이야기
날마다 속 편히 듣고 계시나요
수은보다 무겁고 투명한 물속
녹은 뼈와 지느러미로 나는
물고기들이 자유롭다고 생각하는
사람들만 자유롭듯
올 한 해 안간힘을 다해 물속을 달리는
물고기 기차들 땀 흘리는 이야기

누구, 들어보신 적 있나요
너무 분명해서 검찰에나 가야 겨우
불투명하게 지워지는 투명한 이야기들을.

짜고 둥근 눈물

성형외과 나 박사는 구름이 죽어 빗방울이, 강물이 죽어 구름이 된다는 인디언들의 말을 받아 적었습니다 뒤꿈치 아래, 빗방울이 튀어 올라 스스로 몸을 통제하듯 축축하고 차가운 물이 투명하고 짜고 둥근 눈물의 원료라는 것을 믿었습니다

나 박사는 수술을 할 수 없는 것들을 만날 때마다 질문하기를 멈추었습니다 죽어 무엇이 될지 모르는 것이 다행스러웠습니다 물 따라 걷다 보면 물이, 산이 좋아 산만 바라보면 산이 된다고 믿었습니다 얼마나 명쾌하고 쉬운 답이던지 나 박사는 수술칼을 내려놓고 늘어지게 기지개를 켰습니다

어쨌든 나 박사는 강 따라 오래 걷고 있습니다 새끼 치는 고래 얼굴을 얼핏 본 듯합니다 사라지고 나타나는 것들은 늘 앞뒤에 모르는 얼굴을 세워두는데 처음 본 얼굴을 내세우는 것이 무슨 의미가 있는지 생각하지 않기로 했습니다

가끔 누가 내 앞뒤에 있는지 궁금합니다 특히 간절히 원하는 것이 있을 때 달나라와 복권처럼 누구와 무엇의 사이에 누가 있는지 말입니다.

요산 선생

덩실덩실 흘러갈지언정
흘러가는 물이 마 세월인기라
구름처럼 버티다
썩는 호수가 평화롭다고?
발목 잘려 절룩이며
비나리치는 사람들도 흘러가는 세월인기라
더넘바람* 기억을 지워가는 것도
가물가물 날아가는 서창의 철새처럼
달은 뜨는기라
바람으로 태어나
바람으로 건너가는 게
마 사람인기라
어떤 조롱 속에서도
뒤돌아보면 끝내 손을 놓지 않는
이들 끝이 없어
구름처럼 끊임없이 가는 목숨들은
어떤 모습이든 힘이 있는기라.

* 초가을 서늘하게 부는 바람.

산벚나무

벼랑 같은 봄 깊어
기약조차도 캄캄할 때
벚나무 어린 눈, 오시네
붙잡고 만지작거리다 깨물어
궁둥이 얻어맞는데
나무는 어쩌자고 더 푸르러지는지
귓가 벌 날개 치는 소리
잠깐씩 향기롭던 집
대나무 평상에 길게 그림자 질 때
보이지 않는 긴 봄
깨어진 몸 어쩌지 못해
주름진 틈새 흙벽 장판 밑
다족의 벌레들 잠을 흔들던
삼호리 산벚나무
물어볼 틈도 없이
은밀히 사라지던 비무장의 사내들
새소리도 들리지 않는 마당 깊은 곳

붉은 볼 식히는 당신

오늘은 그냥 가버리지 말아요.

허상진

춘삼월 아직 축축한데
바람 한 무더기 쓸고 간 웅상병원 뒤뜰
포곡새 한 마리 날아간다
대운산 골짜기를 내려서는 바람
네 집 창밖 여윈 소리 따라
세상 너머로 간다

움 솟는 연초록 눈부신 산야
향불 따윈 부질없는데
미친 듯 봄 햇살 떠도는 회야강
오리소 버들강아지들
젖은 입술을 비벼대는데
정 깊은 서창 땅 울지 않는 새들처럼
꽉 묶인 하늘
아직 끝난 것은 하나도 없는데
대책 없이 앞뒤 산만 완강하구나

상진아! 느닷없이, 쉰둘에
어디로 떠나느냐
우리는 몸에 감았던 정도 주먹다짐도
다하지도 못했는데
너 불편한 몸 끌고 어딜 가느냐

산 것들은 왜 언제나 이리도 염치없는지
왜 이리도 부끄러운지

상진아, 그놈의 꼽추가 뭔 원수길래
한없이 너는 울고
우리는 허기진 배에 칡뿌리를 씹었느니
입가 꺼멓도록 웃었다
지기 싫어했던, 네가 가장 싫어했던 것은
남에게 피해를 주는 것
니가 살던 아파트 창을 올려다봐도
그림자 하나 보이지 않는구나

잘 가던 흙다방도 술집도 변해
캄캄한 불가마뿐이구나

사소한 웃음 한 번으로 우리를 간단하게
묶고 풀던 친구야 길에 박힌
돌부리같이 서창 땅에서만 살다 간 상진아
서창슈퍼 옆 옛집으로 돌아오거라
흘러가다 가다 지치면
이곳 연호 마을 작달비로 다시 쏟아지거라
낮은 구름으로 찾아와
집 앞 개난초라도 적셔주거라
돌아와 내가 잠들었거든 잠든 내 코를 내질러 네가 온 것을
알려주거라.

제2부

세인빤을 들어 올리는 이슬

돋을볕 없어 밤새껏 이슬을 만드는데
게으른 생각들만 겹쳐 물방울 위에
물방울 낳고 또 낳는다
차라리 마음이 없었으면 했어
햇볕 따라 가는 이슬 뒷자리
풋잠 뒤끝 폭풍 속에서
눈물 보여주지 않는 이슬들
철 지난 나뭇잎들 몰래
물 끌어당기는 소리
차라리 들리지 않았으면 했어
빈민굴을 오가는 자전거 택시들
아침마다 두꺼운 근육을 풀어
양곤 강을 끌고 가는 소리
마구 피어오르는 세인빤 붉은 꽃
차라리 피지 않았으면 했어
이슬 속 쉐빠간 봉제 공장 가는 길.

냐웅뻰*

밍글라동 공항에 오시면 꼭
작은 프로펠러 소리 같은
열매들의 노래 들어보세요
대합실 문밖
왼쪽에서 오른쪽까지 들릴 듯 말 듯
허공을 두드리는 소리
귀 밝고 눈 밝은 이들만 들을 수 있어요

저녁이면 냐웅뻰 잎사귀
푸른 목폴라 속에 숨어 속삭이는
작은 새들이
조그마한 잠을 부르는 소리

저녁이 불러 모은 나뭇잎 등 뒤
짧은 날개 하나씩 살살 잠재우는 새들의 집
키 큰 냐웅뻰

사람 좋아해서
사람 곁에 있는
시끄러운 부리
미얀마 작은 텃새들
먼 곳에서 오는 이들
안녕을 물어요

멀떠구니 차면 그날로 제 몸을 완성하는
자그마한 하나님

밍글라동에 오시면 비행기보다
먼저 새 열매 노래를 들으세요.

---

* 보통의 보리수보다 잎이 둥글고 아름답게 자란다.

각 깎기

—먀오클라빠

흙 이불 밀치고
새벽 햇살 몸에 바르며
각 깎기
운동하러 간다

빚 속을 떠돌며 젖은
혀를 말리는 말들
안녕은 하신가
응대하는 풀들마저
눈웃음이다

바라만 보느라 망막이
두꺼워진 고집 센 사내들
드디어 버티기를 끝냈는지
이를 깨물며 문자뿐인
부고장을 던져버린다

그리하여 나날이 미끌대는 정치는
벽이 없는 물처럼
각진 정신의 변경을 지운다

부러졌던 속뼈를 다시 세우는
사나운 사내들
숨 가쁘게 지나느라 밀어뒀던 자리에
각목처럼 곧은 말을 박아 넣는다.

나르기스

풍선처럼 온 하늘이 부풀어 오르는 것을 보았다
2008년 5월 1일 12시에서 18시까지
미얀마 북태평양 남서부 상공
서쪽 하늘이 무너져버렸다

살아남은 자들의 입도 눈도 귀도 사라졌다
순식간이었다 17만 명의 얼굴과 손발이 사라지는 것은

벵골만 안다만을 들어 올려 물속에 던져버린
태풍 나르기스
하늘 아래 무서운 고요

장송곡마저 들을 수 없었다
아무도 모르리 은둔의 세상
침묵으로 다 타 재가 된 나무들

뻰살루 섬(뻰살루 D/T, 레진궝, 짜자옹, 콩지/와보공/꾸인냐/닛따

〔카렌족의 크리스천 마을〕), 하인지 섬, 보글레이, 모존, 디데예, 에잉메, 라뿟다, 꼰잔공……

의미도 형상도 없는
물빛 죽음의 아침
미얀마의 고요한 하늘
사라진 거목들
사라진 새들

죽은 눈동자를 태우는 긴 어깻숨
검은 연기를 따라 어제도 오늘도 안다만 물속을
걸어 나오는 물귀신들 헤아릴 수 없다

불탑 너머 느린 구름 사이
야자수 넓은 잎사귀
햇살 비추는 것도 무서운
나르기스의 나라.

바간 쉐산도 파고다

—시간 혹은 왕의 거울

왕과 왕비였다가 노예였던 손이
불변의 부처를 끌어 올린다
한 걸음 걸을 때마다 자라 오르는 쉐산도
탄력을 잃은 바간
먼지 자욱한 옛 성터
파고다의 벽돌들이 일어나 선셋의
화면을 걸어 나온다

오늘도 불편한 공간을 들어 올려
내부의 균형을 깨뜨리는 왕과 왕비들
시간보다 흐릿하게 먼지 속을
흘러가는 이야와디 강

틈새를 흐르는 일은 끝도 시작도 알 수 없어
모래 속의 풀들 거울처럼 반짝인다
꽃보다 붉은 티크목 둥근 잎
몰입은 먼지보다 가벼워

몸 대신 파고다의 높이를
강에 흘려보낸다

구름에 잔류하던 물방울, 바간의
깨어진 얼굴들
저항을 잃은 노예이며 왕인 그들과
나는 멀어져야 한다
숨 쉬는 찰나마저 정치인 미얀마
늘 나무를 저물게 하는 일몰의 시간
벽돌을 들어 올리는
관광객 혹은 기능성 아웃도어를 걸친
왕이면서 노예들인 그들.

떼진(Thazin) 꽃

—pyinmana

줄기 꽃대에서 화경이 올라와
등 두들긴다 엔을 일으켜 세운다
춥지도 덥지도 않은 겨울
땅콩만 한 뿌리가 푸른
줄기에 더 푸른 싹을 내어놓는다
구름을 녹이느라 한뉘 가득 환한
잎 하얀 꽃
칼날 볕 삭이느라 헤근헤근 바랜 몸
각진 모서리 안으로 다 익어
밀주 같은 향
빠르게 저녁 바람을 관통한다
핀마나 떼진 꽃
옛 왕비들 좋은 자리 갈 때
머리에 꽂았다는데
요즈음은 나날이 귀한 날이어서일까
노래방 뒤듬바리 같은 가시내들
머리에 잔뜩 피어 놀란 듯

나를 쳐다본다.

따웅지

트럭에 실려 온 난난뻰*
새벽 양곤 띠라밍글라 야채 마켓
새로 들인 생채(生彩)
살아 입 가진 것들
다 어디 가고
사고파는 속 눈초리들
굳이 똑같은 길 달려가야 하는가
새벽 시장 불빛이 차갑다
매서움 넘어 제각기 길 떠날 때마다
흐르는 물속에 누운 돌들처럼
늘 싱싱하게 홀로 웃는 난난뻰
지상으로 자꾸 올라가는
자갈들의 무늬
밭뙈기 너머 새벽마다 대기권 밖
향기를 끌어 내리는 난난뻰.

* 향이 있는 푸른 남새로 두 종류가 있다. 두 가지 모두 미얀마에서 재배되나, 원래 미얀마산이 있고 중국에서 들여온 중국산이 있다. 미얀마산은 잎 끝이 갈라지고 중국산은 잎이 길둥글다. 두 가지 모두 음식을 만들 때 비린내를 없애고 맛을 돋운다. 미얀마 사람들은 모힝가(쌀국수와 육수 등 여러 가지 채소를 넣고 끓인 죽)나 생선 요리, 볶음밥, 수프 등 거의 모든 음식에 사용한다.

빈 병

빈둥거리는 나이가 되면
구석 빈 병처럼 웅크린 채
부려놓고 간 폐지 뭉치나
빈 박스를 챙기면서 전에 듣지 못한
소리에 귀가 열린다
향일성의 식물들 온몸 비틀어
해를 따라가는 소리
자전하는 지구 위를 소리 없이
지나가는 아득한 별들의 소리, 쓸데없이
호루라기 소리를 쏟아놓는 위병소 옆 면회실
누가 차기 대선 주자인지 입방아 찧는 소리
한 그루 침묵을 망고 나무에 옮겨 심는
큰 손 가진 이의 숨소리
말없이 구겨진 폐지 한 장 반듯하게
펴놓는 손바닥 스치는 소리.

양곤 다운타운

하루살이들은 사라지지 않는다
벌쭉거리는 걸음들
큰 달이 뜬다
활짝 편 손가락, 야자수 그림자 밑
엠마웅* 울음소리 과연 호화롭다
바람에도 마르지 않는 양곤
바리 창 너머 외로운 뼈 바람 따라가면
빤라인 강 야적장 위 드맑은 적도의 극광
북쪽으로 쫓겨 간 남자들**은
아직 돌아오지 않는데
해끔해질 때까지
부끄럼 없이 빛을 뜯는
금빛 하루살이 떼 가득하다.

---

* 천장이나 벽을 타고 다니며 파리나 모기 같은 곤충을 잡아먹는 작은 도마뱀. 달이 뜨는 밤이면 야자수 숲에서 맑은 소리를 내며 운다.

** 수많은 죽음을 남긴 1988년 민주화 시위 이후 북쪽 샨족 지역으로 들어가 무장투쟁에 합류한 학생들은 아직도 복귀하지 않았다.

양곤의 개

중도 사람도 아닌 개들이
아침이면 공양을 먹는다
맨발로 줄지어 공양에 나서는
스님들과 개들 붉은 싹구빤* 피듯
공양으로 살아간다
물 위 짜빤**이 활짝 웃는 대낮
먹는 법만 알 뿐 모힝가 빚는 법을
모르는 스님과 개들
싸인빤*** 붉게 번지는 거리를 돌며
서로 밥을 마주한다
살 빠진 개들 제 몸무게를
가늠할 길 없어
묶인 데도 없는데 떠날 줄을 모른다
해는 지고 도드라진 갈비뼈에
곧 어둠이 닥치면
한약 같은 향내
삐예이유떼**** 흘러나온다

마이크로 부풀린 독경 소리
완만하게 올라가는
산스크리트어의 메아리
양곤의 개들은
늑대같이 아득한 긴 울음을 따라 운다.

---

* 10월에서 1월까지 붉고 노랗게 피는 꽃.
** 9월에서 11월에 호수나 물이 고이는 곳에 하얗게 군락을 이루며 피는 꽃.
*** 3월에서 5월까지 빨갛고 노랗고 푸른 색깔로 피는 꽃.
**** 미얀마 스님들이 새벽부터 들려주는 불경이나 설법.

흘란따야 쉐린방

늘어진 개들 옆에 자전거 싸이카들이
즐비한 마을 입구
눈이 커 쌍꺼풀 뚜렷한 우아웅과 또또
몰래 동네를 떠난 뒤지만
푹 꺼진 눈빛 다정히 걸어 나온다
파키스탄 과부 데레사
푸석한 검은 얼굴
지난밤 하늘이 데려갔다
확성기에서 흘러나오는 삐예이유뗴
지칠 줄 모르는 염불 소리
기름진 햇살에 섞여
인적 없는 골목을 깊은 곳으로 끌고 간다

불볕 속 아이들, 더러운 우물을
들락거리며 젖은 몸을 말리는 쉐린방
앙상한 뼈를 드러낸 사람들
론지*를 입고 골목을 빠져나간다

자전거 바퀴살이 가르는
자욱한 먼지 속에서
목청을 돋우는 몽몽
난 열여덟 살! 세 아이의 엄마예요
얼굴에 따나카**를 바르고
씹는담배 꿍을 말아 파는 벌건 입안
낮은 갈대 집 저녁이면
발등이 까맣도록 모기떼 모여든다

홀로 어둔 마을, 거친 손발에
불을 켜는 윤상록이 잠 속으로 인도하는
천 개의 빨간 이빨과 눈알들
깊은 흘란따야 쉐린방.

---

* 미얀마 남자들이 치마처럼 허리 아래에 두르는 하의.
** 미얀마의 천연 화장품으로 자외선 차단과 시원한 느낌을 줄 뿐만 아니라 피부를 건강하게 유지한다고 믿어 남녀가 널리 사용한다.

차웅따, 또 하나의 빈방

미얀마 서쪽 해변 차웅따, 철썩이는 소리 몇 번이었나 가까운 잡목들을 지우는 흐릿한 안개, 한바다 키 큰 코코넛 잎사귀들이 물빛 가리는 덤불숲 물이 물을 덮어 까닭 없는 출렁임만 넘치는 차웅따 세워도 또 무너지는 파도의 흰 모서리, 벵골만의 허공을 높게 가르는 전투기들의 흰 비행운, 무엇이 허공에 금빛 벽을 세우는지 크리스마스 지난 12월 휴가철도 아닌데 빈방이 없다

차웅따, 배낭을 베고 누운 모래밭 빈방, 문 열어주는 이 없는 폭죽 가득한 해변, 양치식물 같은 흰 몸에 문신을 한 독일 남자애나 코에 금속 링을 낀 영국 청년들, 큰 덩치와 자유로운 식욕 견딜 수 없어 구부러진 혀를 펴는 건어물과 똠양꿍의 짠맛, 지나온 인도차이나의 먼지를 털며 이곳도 저곳도 아닌 길이 없는 벵골만 아! 해는 지고 두 눈 속에 금부처들 바다에 긴 다리를 놓는데 어디에도 없는 차웅따, 누구에게도 빈방이 없는 아웅산의 나라, 서글픈 비각의 파도.

이발소에서

—바고

이발소에 앉은 이방인, 눈동자에서 눈동자로 나비 떼 날으는 봄 같은 시월, 가위가 슬슬 잠을 부른다 떨꺼둥이 거울이 나를 바라보지만 언제나 바라보는 대로 바라볼 뿐, 녹슨 바리캉이 귓바퀴 문지르는 소리, 코를 자를까? 좆을 자를까? 쑥설거린다 움츠린 땅, 여봐란듯이 툭툭 갈라진 가죽 벨트에 면도칼을 가는 사람들, 바랜 가죽 의자의 손 받침대, 덮개가 몇 번 갈렸는지 구멍 난 의자 숨 쉬기 힘들다 내 나이보다 더 낡은 의자가 나를 눕히는 동안 미얀마 이발사의 조심스런 배려가 나를 조심스럽게 한다 의자를 젖힐 때마다 뚜두둑 관절 꺾는 소리, 페야지 마을이 몸을 푸는 소리, 나는 의자에 누워 700짜트짜리 단잠에 빠져들고.

우빼인 데라(U Bein's Bridge)

접두어 '우'는 미얀마 사람들이 사십 대 이상 남자들에게 성씨 대신 붙이는 존칭어이고 '빼인'은 목조 다리를 보시한 사람의 이름입니다 "존경하는 빼인 님의 다리"라는 뜻이 됩니다 150여 년 전 빼인 씨는 부자였고 몸이 뚱뚱했는데요 이름 자체는 빼빼하다는 뜻이랍니다 뚱뚱하지만 빼빼하다고 불린 빼인 씨, 거금을 보시해 붉은 가사를 걸친 스님네들이 총 길이 1,209미터의 따웅타만 호수 위를 걷도록 해주었답니다

우빼인 데라의 '데라'는 다리를 뜻하는데요 우리 노름판에 남겨진 일본어의 잔재 '데라'를 뜯는다는 발음과 똑같아 또 한 번 웃음이 나옵니다 돈을 다 잃고 데라를 뜯어 밤늦게 귀가하는 노름꾼 가장의 처량함이라니요 몸 크고 마음 큰 부자 '데라'를 두고 이리 불경한 뜻을 찍어 붙이다니 미얀마분들이 들으면 혼날 일이지만 자꾸 웃음이 나옵니다

우빼인 데라는 1,086개의 티크 나무를 사용해 높이 3미

터 폭 2미터로 1851년에 완공되어 지금까지 물 위를 걷고 있답니다 다리를 놓는 공덕은 물을 건네주는 일로 불가에서 제일 큰 공덕 중에 하나라는데요 생명의 큰 바다 이쪽과 저쪽을 무사히 오가게 하는 일이라니요 지금은 물그림자 위에 관광객들과 연인들을 띄우고 흘러가지만 이 또한 닫힌 마음 양쪽에 훤히 길을 여는 일이니 빼인 씨의 공덕이 늘 새로워 놀랍습니다

그보다 더한 공덕은 이 부자가 지금까지 전해주는 웃음입니다.

인레 호수

물레와 베틀이면 족하지
쟁이질까지 할 수 있나
연실로 비단을 짜는 수상 마을
주변 탑들이 가만히 귀를 기울인다
흰 물안개 먹구름 지나가는 호수
수초는 부드러워
쪽배 끝에 앉아 노을과 함께 늙어가는
희고 붉은 수련
물밑에서 잠이 든다

방울토마토를 싣고 물안개를 빠져나가는
눈썹 짙은 인타족 사내
물 위엔 길이 없어
출렁이다 흘러가면 흔적 없는 마음뿐
떠나는 것도 돌아오는 것도 없는
인레는 둥글어
뱃전에 향을 사르는 여자들

베틀에서 내려와 모힝가를 끓일 때쯤

물속에 잠드신 부처님들
낮은 풀섶 가로
새들을 불러 모으신다
먼 데서 온 나는 길도 없는 물속
해 지는 산을 넘고.

황금의 짜익티요

바퀴는 애급 땅을 지나
사뿐히 내 씨앗 속으로 찾아든다
산맥은 고요하고
검은 우주 한복판
야자나무 잎사귀 무성해
매미 울음소리 시끄럽다
가장 풍요로워 가장 빈곤해졌다는
아메리카, 달러마저 힘을 잃는 미얀마 황금의 일몰
파도의 입들이 들었다 놓는
안다만, 들끓는 바퀴들이
거머쥔 파도를 보라
사방에 가득한 정령들의 한낮
새소리보다
가깝고 친근한 잡신들
짜익티요*의 산정을 오르는 바퀴 수레들
늙어가며 태어나는
바퀴 또 태어나고.

* 미얀마 몬족의 옛 유적지에 있는 황금 바위로 설악산 울산바위처럼 해발 700~800미터에 아슬아슬하게 걸쳐 있다. 미얀마 민간의 정령신앙과 불교가 결합된 가장 유명한 성소 중 한 곳으로, 미얀마인들은 평생 세 번은 이곳을 찾아야 복락을 누린다고 믿어 최대 축제일인 띤잔 데이(물축제)는 물론 연휴 기간이면 수만 명이 찾아 노숙을 마다하지 않는다.

뜬떠 나르기스

양곤 강 습도 높은 바람
펄밭 너머 코코넛 숲을 흔든다
해질녘 게스트하우스 곰팡내쯤이야
몸거울이 저절로 바라볼 수 있는 나이

되돌아갈 길은 없는데
난민촌으로 양곤의 술집으로
망명을 떠난 너는 식은 얼굴로
이국의 다큐멘터리 속을 걷고
출렁이는 포물선의 끝 잠들어 고요하다
팔다리 다 없인 올라갈 수도
내려올 수도 없는 황금의 사원
관광객들의 기억을 완성하기 위해
잡목으로 눈물을 끓이는 질그릇의 저녁
뜬떠의 낮은 풀숲 위로 해가 진다

챙 넓은 모자를 쓰고

강을 건너려는 자전거들, 함성도 없이
타오르는 붉은 세인빤 떼
혼절할 듯 뜨거운 화장터
금이빨 몇 개 가죽 샌들 하나
수습할 수 없어 산 자들의 뼈가 마르던 날
시신들로 세팅한 물속 카메라가
차라리 픽션이었으면

안다만 펄밭에 빠지는
망고 덩이보다 더 빠르게 사라진 사람들
내일은 나 홀로 남아 나를 먹여야 하리
투명한 침묵의 회전문 속으로
까마귀와 함께 걸어 들어가
여리고의 장벽 같은 구호 배낭을 열고 나가면
다시 해를 따라 돌아오는
물의 끝 뜬띠.

파도인 듯 풀잎인 듯 바람인 듯

가뭇없는 갈맷빛 잔등 위를 비행하다 보면 양곤에서 인천까지
녹아내리다 다시 길을 트는 아득한 지상의 무늬, 별다를 것 없는
산맥과 강들 나라와 나라들, 이미 거기 다 보인다

앞도 뒤도 없는데 가고 오면서 사라지고 돋아나는
지상의 풀잎들 매 순간 다른 지도를 그린다

달라지는 것은 무엇일까 잎맥을 따라 진화하는
물소리의 높낮이, 길게 기우는 지구
인천에서도 양곤에서도 아픈 내 몸
솟구치는 야자나무나 휘어지는 소나무들
의지나 기적 대신 그대
잠시 벽 없는 물 위에 몸을 놓아라

된장국에 호박잎 들큼한 입안, 참기름 짜듯 키워낸

어린 잎새들 때론
바람에 묻혀 솟구쳤다 떨어지는 물마루 견디어낸다
전투기가 나는 고요한 하늘
저 아득한 높이 누구 탓이랴 위태로운
날들의 뼈가 자라는 외로움
입에 힘을 뺀 물고기처럼 떠올라 거품 같은
말씀만 토해놓는 구름들

끝내 하나가 되지 않는 들판에 어린
풀잎들 스스로 죽음의 높이를 측정하는 시간.

나도 모르게 어긋나는

딜레마를 이겨내려 힘주어
이를 물 때마다 요위가 쑤신다
의사는 근육 이완 나는
금 간 뼈를 진단한다

앞을 향해 굴리고 싶은 공
정확한 비거리를 조준할수록
비나리는커녕 뒤땅만 파고 만다

먼 곳으로부터 먼 곳까지*
나이만큼 어긋나는
내 나이스 샷

내던지듯 휘두른 뒤
기우뚱 앞으로 곡선을 그리는 몸
하, 속뼈가 웃는다

집중은 어디 가고
거물거리는 눈알이 가렵다

더 떨어질 곳도 없는
깊은 홀컵의 내부에서 나도 모르게
깔깔거리는 늑골.

---

* 김수영의 시 「먼 곳에서부터」를 변용.

오카리나(ocarina)

—야카인

여겨듣고 여겨보세요
한 입씩 잎맥을 빠져나오는 햇살
높은 산봉우리에서
조금 낮은 산봉우리로 넘어가는
구름의 뭉개진 스텝
스미듯 번져가는 이유를 알 수 없습니다

앞뒤 빈틈없이 사라져
몸 이전의 흔적을 푸르게 고하는
풀들 쓰러지면
아무런 말씀 안 듣고도
목 놓아 우는 바람들
빈 곳마다 후비고 돋아나
어찌 다시 빈 곳을 채우시는지

불티처럼 사그라지는 차가운 허공
한 톨 남은 반딧불 내 오카리나

짧은 숨, 긴 이별 데우며
날아오르는 금빛 뼈
애달프지만은 않습니다

소연한 노을 뒤에 숨어
귀를 빛내며 오가는 속내
모르면 어떠냐
먼 데서 온 오래된 편지를 읽는
내 오카리나.

세상의 모든 잎들이 귀를 세우는 밤

아우야! 저 빗소리 들어보아라
녹슨 양철 지붕이 받아내는 그 헤아릴 수 없는 빗소리
지상의 것도 하늘의 것도 아닌 무서운 소리들
수직으로 낙하하는 투명한 힘
지붕 위의 빗소리는 끝내 늙지 않는다
구름이 다시 구름 되어 돌아와
두드리는 일만의 함성
인정머리 없다고는 그러지 마라
떨어져 내리는 꿈을 끝없이 받아안는
티크의 붉은 잎사귀들과 세인빤의 가는 잎사귀들
빈 마음의 깊이를 높여주지 않았나
내가 보이지 않아 너조차 부재중일 때
내가 나의 소외 될 때
어떤 틈새도 허용하지 않는 빗소리들
다 녹아내린 삼모작의 무논, 쌓이고 쌓이는
물 위에 물, 사라진 형상들을 다시 불러들여
떠나간 것들을 채우고 있다

그런데 웬일이냐 아우야
저 젖은 그림자 넘어 오래 걸어오는
저물녘의 여린 빛
새들의 부리보다 더 찬란하구나
움직이는 것들의 고요함은 뭐라 말할 수 없어
빈 곳 가득 소리만 요란하구나
가고 오는 것, 떨어져 내리고
솟구치는 것, 재촉하지 마라
심연의 바닥을 마음껏 두드리는 빗소리 속의 빗소리
나뭇잎을 건드리는 바람처럼
천둥 치고 눈을 열어라
온몸에서 솟아나는
네 잃어버린 탄식을 사랑하라.

이방인이 되어

—임종연에게

눈도 서리도 없는 양곤
햇살 속 무지개 바람 한 점 등에 업고
무싯날 나비 날개로 태어나고 있다
꼬꼬빤* 사이 이슬을 몸에 감은
거미줄로 태어나고 있다
바지랑대 끝을 쫓는 잠자리 눈동자보다
더 둥글게 저무는 가을
깜깜한 볕살쯤이야
반들거리는 등딱지 쓸쓸한 풍뎅이 날개
당당한 바람, 하늘 가득히 태어나고 있다
늘 바람 높은 구름같이
풍경 밖으로 새들이 떠나고
사라진 것들 돌아오지 않는 것을 알면서도
저녁 물살은 다시 으르렁거리다가
눈물을 빼다가
뽀얀 젖무덤 골짜기 첫 웃음 메아리칠 때
우기철 심드렁해진 꽃잎들

햇빛 고픈 바다 밑
넙치들 가슴과 함께 태어나고 있다
노처녀들 세인빤처럼 화려하지 않게
폭약처럼 푸르고 붉게 태어나고 있다
비늘을 달고 날개를 털며 오가던
눈빛, 부드럽게 끌어당기던 배꼽의 힘
형상 없이 뜨거운 말들 태어나고 있다
나부끼는 바람 위로
뿌연 낮달 하나 얹어두면
안부가 없더라도
나는 잘도 태어난다
계단을 오르내리며 새들 속털 키우는
열대의 밤, 털옷 입은 개들마저 조용한데
바람살 안고 못 태어날 것 없지
불알 같은 망고 소낙비로 목욕할 때
흔들리며 내려다보는
야자들 부끄러운 눈처럼

개미들이 가다가 한 번씩 멈추는 천년의 시간
망고 나무 잊지 않고 지나가는
그늘의 뒤축에서 나는 태어나고 있다.

---

* 꼬꼬뻰으로 불리기도 하며, 주로 미얀마 남부 지방에서 15미터 이상 둥글게 가지 숲을 이루며 자란다. 우기가 시작되기 전인 4~5월경에 잎이 떨어지면서 꽃이 핀다. 잎은 싸리 잎과 비슷하며 낮에 열리고 밤에 닫힌다. 상처가 나면 잎을 찧어서 바르고 열매는 약재로 쓰거나 사람이나 동물이 먹기도 한다. 씨는 고혈압에 좋다.

제3부

해남 가는 길

들녘이 불타
솜털 구름에 옮겨붙을 때
해와 배들이 수평선 너머
미루나무보다 멀리 쳐다보는 곳
가볍게 떠날 수 없는 것들을
밀어붙이는 파도, 자꾸 다가와
가지들 손사래 치고

철 이른 겨울 찬바람에
벌겋게 얻어맞고도
찾아가 의지할 곳 있다니
참 다행이다.

회야강 건너

강 건너 흰 돌배꽃
희미한 새벽
망설이다 겹으로 떨어져
번갯불같이 운다
정미소 뒤뜰을 빠져나가는
화장기 없는 얼굴
백목련 휘어진 목덜미에 입술이 부딪혀
맞닿는 곳, 피고 지는 순간의
위아래가 다 아프다
빗방울 뿌려 물 향기 진한 새벽
플란넬 흰 치마저고리
강 건너 춤추러 가는 여자
마을 한가운데를
총알같이 스쳐 지나간다
몸꼴 태워 막 태어나는 별들
새잎 틔우기 전
마침내 허리 뒤트는 곳

꽃이 강을 건넌다.

고연리

벗논 가에 트랙터가 빨갛다
산 밑 어두운 데
염소 몸통처럼 휘어진 산모퉁이
노을 지는 물가에 서서 코가 맵다
깨어진 빛 끄트머리마다
잠깐씩 빛나는 반계 마을
비 묻은 풀잎들이 아창대며 올라온다
유채꽃, 밤꽃, 꽃 향을 짓이겨
담장을 지우는 갈릴리 기도원
어둠 속에서 아카시아 향 밀어 올리는
소쩍새 개구리 떼울음
별빛 스친 나무들 소란스럽다
갈참나무 사백 년
고까짓 정도야 두려울 바 아닌데
마을 위아래 찰랑이는 못
물에 빠져 죽지 않고 속삭이는
오래 삭은 온갖 잡소리

쉬었다 가라 쑥 손을 내민다.

냇가에 나와

산그늘 피해 앉은 빨래터
종아리 높이에서
풍덩 떨어지던 웅덩이
잔 숨을 쉰다

물길 사뿐히 넘겨주는
꿋꿋한 돌부리
멀건 하늘 밑 까끌한 교회
뒤돌아보지 않아도 다 아는 정류장

많던 물그림자 다 어디 가고
냇자갈밭 왜 이리 뜨거운지
입을 꽉 다문
둔덕길 알기나 하는지

물녘, 몸집 작은 개나리
일찍 노래지는 물꼬챙이들의 속앓이

지금은, 널따란 나뭇잎에 들어차는 햇살보다
억새 줄기를 미끄러지는 이슬의 날렵함이
더 따갑다

수다를 떠는 사람의 생기처럼
물꼬리에 투명한 잔소리를 달고
까르륵 흘러내리던
서창 제일교회 앞 연호동 냇물.

겨울눈 돌담

잔인한 흰빛을 위하여
무게도 없이
울어야 하는 봄빛

몸 안에 퍼지는 새 눈처럼
몸엣것이 나오는 것처럼
설렘이 처음 같아서
늘 가까운 곳에서
몸을 낮추는 돌담

겨울눈 재촉하는
가벼운 몸 부산해
그늘 뒤
슬쩍 잔설이 웃는다

둥싯 떠오르는
나비 떼.

봄 직진

물들은 작은 잎새 속의
새로 난 길들을 어찌 아는지
가지 끝, 경계까지
한눈팔지 않고 직진한다
쉴 새 없이 달려오는 햇볕들 끌어당겨
몸 안에 얼지 않는 길을 만든다
아직 쌀쌀한 입춘

침엽수들의 잎 속에서
잎을 꺼내는 바늘 끝
새로 돋는 북극의 하늘, 유리알처럼
언 햇살에 순록의 털을 깔고 있는
피가 덜 마른 눈부신 아침.

耳鳴

벚나무 둥치를 품은 말매미
허물로 한 철을 살아낸 집
쉰내가 날 때까지 플라스틱 통에
팥떡, 망개떡, 찰떡을 팔던
해운대 백사장

성질 급한 놈, 오토바이 경주에 한몫 끼어들었는지
설쳐대는 마후라 똥구녕 찢는 소리

한여름 매미들
굵고 짧게 사는 것도 몸서리쳐지기는 마찬가지라
저리 당당히
우는 법을 터득한 것인가

쥐어짜는 매미들의 입술을 좇아
긴 여름을 가는데
죽음에 다 가닿은 말매미들

날카로운 울음 모래사장을 넘는다
허물 같은 빈집만 허공에 남기는
내 귓속의 매미 소리.

아버지의 목소리

산허리 가까이 개 짖는 소리
쩌엉쩌엉 얼음 쪼개는 소리
취한 당신 온 산 별들 다 깨워놓고
소쩍새 울음이
울음을 먹어치워 뼈가 삭는 밤 두 시
취기가 깨시는가, 몸 무거워진다
그렇게 온 산 붉은 동백 다 울부짖는데
당신은 말이 없고
딸꾹질로 다시 물어도
이유를 알 수 없는
죽음, 어떤 아쉬움 남기셨는지
구천의 말 통역할 길 없다
당신의 말씀 알아듣지 못한 채
뜬눈으로 밤을 새우는 검은 산
검은 능선, 돌아와 폭삭 익어버린
내 썩은 폐의 두엄자리.

발

발을 닦고 발과 소곤거려본다 낡은 거죽을 덮고서도 앙상한 뼈가 웃는다 이등병 선착순 때마다 약한 폐를 그럴듯이 선방해주던 발가락, 가려움에 맛이 들던 병장 시절, 속사정 더해갈수록 발과 나는 짐짓 씨익 웃는 날이 늘어나 발이 모르는 내가 없듯 우린 서로 나이 들어가면서 위아래 서열도 계급도 없어져 좋았다.

한낮

툭툭 목련이 소리를 낸다 나무가
소리를 키운다
감은 듯 눈을 뜬 듯
자목련 백목련 환한 대낮
승용차 한 대 힘센 참돔처럼
구부러진 골목을 빠져나간다
그림자 드리운 벽이 슬쩍 꿈틀댄다
여기에서 거기까지
쫑긋 귀를 세운 목련
어느새 빈 곳에 가닿느라
입이 십자매 주둥이를 닮아간다
벽 너머 눈 가는 곳마다
온통 화끈거리는 한낮.

크리스마스카드

선물 다 나눠 주고
되돌아가는 썰매에
가난한 남자, 홀로
실려 가네

피같이 붉은 옷 수많은 색깔의
형상 다 지우고
집집의 굴뚝을 향해
곧장 직진하네

뿔 달린 사슴 빈 수레
마침내 돌아가네

아무것도 없는 북쪽 맨 위
그 조금 아래 자작나무 숲
눈 그림자도 자라지 않는 곳
남자 눈 속에 스스로 지워지고 있네.

장자의 찜질방

숯등걸 꺼낸 황토 가마
하루 지난 뒤 초고온, 다음 날이 고온
사흘 혹 나흘 지난 것이 저온실이다
불똥 타는 냄새 연기 없는
텅 빈 가마 속에 벌거벗은
지옥처럼 앉아 땀 흘리는 몸

전구가 태양처럼 비추는
우주의 가마 속
진액을 토해내는 미련한 몸
겉저고리에 묵은 찌끼 바깥 공기와 맞닿아
한순간 새처럼 몸이 가볍다

수수께끼 같은 숯가마
불돌로 환부를 찜질하는 지옥 방을 나서는데
불김이 눈을 밝게 해
부릅뜬 눈 가마 벽에 바짝 들이댄다

뿔그스름해진 아줌마 큰 궁둥이
아궁 쪽을 향해 치켜든
두덩 아래 불김이 확 쳐들어간다
한 방에 마른땀을 거둬 가는
찜질방, 장주의 나비처럼 불끈
가벼워진 하루.

즐거운 갑신년

"원숭이 궁둥이는 빨개 빨간 건 사과
사과는 맛있어 맛있는 건 바나나 바나나는 길어
긴 것은 기차 기차는……."

기관사의 빨간 궁둥이와 바나나는
아무 관계 없이도 즐겁다

어느 날 딸아이가 학교 갔다 와서
원숭이띠를 바꿔달라고 했다
그래 아버지를 바꿔 오면, 바꿔주겠다 했다
아이가 모르는 호적의 나는 토끼띠
몸은 원숭이띠
한때 별명은 잔나비

구레나룻 타고 폴짝 뛰어
어깻부들기와 팔뚝털붙이에 매달리다가
가슴 숲 헤치고 배 밑을 미끄러지듯

다리털 기둥을 쪼르르 내려오며
서커스처럼 살아온 원숭이

어른이 되어 검은 털로
항문은 겨우 가렸지만
남모르는 붉은 궁둥이는 여전히
태양처럼 눈부셔
나도 내 별칭도 어디로 갔는지 모른다

육십갑자 금이빨 대신 임플란트를 한
원숭이가 헤헤 웃는 갑신년
방정맞은 원숭이

"원숭이 궁둥이는 빨개……"

집들이

—한근이 빵철* 집으로

길쭉해서 열차 같은 집, 사대부가 살던 집이라서
화장실이 밖에 있다는 농 외에 불편함 없는 집
울산에서 25킬로미터 떨어져 천문학교가 있는
은현리, 신토불이 참기름 병이 신문지에 말리어 찾아온
이십 년지기 친구, 부산 수영동 471-22 성북길 27호
성 도마성당 마리아상이 넘겨다보는
마루에 둘러앉아, 수영야류놀이* 한 대목 따 올리듯
육자배기 배호 조용필 육성이
구석구석 굿이 되어 스며드는 집
마른 멸치, 땅콩, 오징어포
목울대 꿀렁대는 맥주물이 즐겁다
솔래솔래 빠져나간 왁자한 시간이
새벽 한 시에 이르러
적막은 초저녁부터 이어진다는 주인 말꼬리에
시인이 둥지를 틀기에 적당하다는 말인가
뒷굽 닳도록 뛰어 마련한 지붕
집들이 선물로 하룻밤 곱게 지새워주는

등짝 품앗이쯤 예사스럽다
개같이 키우는 애완용 집토끼
흡족한 털이 부숭부숭 출렁대며
주인 복사뼈를 따르는 그놈
염소 똥, 같은 똥 하루 두 번 찍—
지린내도 개인 주택에서만 만끽하는
새똥 같은 향이라 좋으시단다.

---

* 빵철은 최영철 시인, 한근은 정일근 시인의 별명.
** 水營野遊: 부산광역시 수영구 수영동에 전승되는 탈놀이(중요무형문화재 제43호)로 정월대보름에 산신제와 함께 벌인다.

봄 갈릴리 기도원

눈꺼풀이 올라간다
새벽 풀들의 시간
느린 구름이 천성산 어깨를 넘어간다
기도원 첨탑 아래 목소리
먼 곳으로 데려간다

지나온 높이의 흔적을
지우는 물방울들
길고 멀리 휘어지는 궤적을
그리며 돌아와 상하 좌우 사위를
이어놓는다

비들이 푸른 귀에 닿는다
흉터 진 자리마다 문이 열린다
귀들이 처음으로 가닿은 자리
소란스런 물소리 간지럽다

빗속에서 가뭇없이 가라앉다
떠오르는 기도원
헤아릴 수 없는 잎사귀에
내려앉는 물안개

가지들이 밀어내는 방향은
종잡을 수 없는데 어느새
몸 구석구석이 부풀어 오른다

깊은 방 안, 거룩한 밥알 하나
꼿꼿이 힘줄을 세운다
스스로 내리누르는 온 힘을
견디느라 숨을 죽인다.

콩나물국

구두가 바뀐 줄도 모르고 콩나물국 끓는 냄새 속으로 달려간다 배 속에 퍼지는 덜 익은 파 향기 끓는 물 속에서 지워져 무엇 하나 낯설지 않은 저녁

오십 년 전 논두렁은 쇠부지깽이 콕콕 쑤셔 씨 콩알 하나에 재 반 스푼 섞어 뒤꿈치로 콕 밟아주면 콩밭이 되었다 자고 나면 어느덧 불쑥 밀고 올라오는 힘이 논두렁을 부드럽게 부풀려놓았다

개구리 자욱한 울음소리를 따라 파란 싹들 목 내밀면 아서라! 너희들 몫이 아니다 개구리 얼씬 못하게 하얀 가루떡 대꼬챙이, 논두렁에 꽂아두면 되었다

메뚜기 등이 노릿해질 만하면 콩꼬투리 주렁주렁 매달려 장아찌 콩잎 한 장에 밥술 넘어가는 소리, 딸랑거리는 빈 도시락 소리, 논두렁을 흔들었다

찬 이슬 머금은 콩된장에 두부를 꺼내놓고 생마늘을 다지는 아내가 콩나물국을 끓이려나 보다 오십 년 동안 변하지 않고도 늘 새로운 콩나물국을.

내 사람

바람만 불면
그저 피는 줄 알았어요
잎 없이 먼저 피는 꽃들

시쁘면서도 쓴 웃음
마지못해 안부 따위 하지 말아요

한자리에서 마주 보며
안으로 엇깎인
우묵한 내 사람.

회갑 날

나는 보았다
사글셋방 빈 냄비에
누님이 한평생
무엇을 끓여내는지
보리깜부기처럼 검게 타들어가면서
희미하게 웃던 얼굴 어느새
복되어가는 것을
끌어안고 또 끌어안느라
흘릴 눈물도 없던
늘그막 백수까지 서로 맞단추
끼워주던 두 양주
나중 된 자가 먼저 되는
구태의연한 기적
보는 이도 변하여
함께 눈물 흘리는 것을.

솜방망이 꽃

어린이 놀이터 풀숲
들여다보지 않아도, 아침이면
할아비 손에 엉깃엉깃 끌려온 진돗개
굽은 허리로 배설 마친 뒤에야
하루가 일어선다

아이들 맞을 빈 모래판
깨작거리는 까치들
부리로 햇살 토해내는 아침
오늘은 성공할까
할아비는 그네에 진돗개를 겨우겨우 태워
아침을 밀어 올린다
아니나 다를까
진돗개 낙마하듯 발랑 뒤집어지는 순간
분홍 앵두꽃
빤히 보며 깔깔거린다

미끄럼틀 난간이 이슬에 젖을 때쯤
나는 출근하지만
진돗개 용변 장소가 보이는 풀숲
키 작고 노란 솜방망이 꽃
다음 날 찾아올 할아비와 진돗개를 위해
목줄기 쭉 빼고 키를 키우고 있다.

층간 소음

지붕 위에 지붕
위층에서 팬티 바람으로 세수하고
아래층에서 속옷 갈아입고
조간신문 읽는다
식사를 하고 아래층에서 똥을 눈다
베란다 유리창마다 번들거리는 햇살 사이
진공청소기 소리
세탁기 돌아가는 소리
피아노 두들기는 소리
불협화음도 화음인가
엇물리는 사소한 것들이 칼부림하는 저녁
청국장 끓이는 냄새가
계단을 타고 오를 때쯤
똥개가 짖어대고
노부부가 커튼을 연다
밤이면 구름 깃에 묻힌 달
팔뚝을 빤 모기가

집집의 장딴지를 공격하러 간다고
소식을 전해 올린다.

거울과 강아지

강아지가 앙칼지게 짖는다

여의도 의사당 앞 버려진 거울
눈알 부릅뜬다

할 말 잃은 거울이
눈알 부릅뜬다

발로 차버릴까 물어버릴까
온몸 비틀며 왼발 들어 올리는데
거울이 오른발을 들어 올린다

제 모습 한참 들여다보며 짖어대다
슬그머니 달아나는 강아지.

야외 공연

공사장 길체에
성냥갑같이 세워진 공중변소
날 듯이 뛰어 들어가는 숙녀
배꼽에 힘주는 소리

바위틈 사이
파도가 밀려왔다 빠져나가고

수컷들 무심코 오줌발에
귀 곤두세운다

저만치 차창 안
괜스레 낯 붉히며 고개 돌릴 때
별안간 까치가 까악거린다.

납작한 양말

침대에 누워 납작해진 양말을
벗어 던질 때까지 우리는 서로 적이다
부릅뜬 눈이 나를 밀쳐낸다
언제라도 너 정도는
늘 뒷전에서 큰 소리가 들린다
어쩌다 제 꾀에 빠져 실수가 드러나도
팽팽한 눈빛 거두지 않는다
천길 벽을 쌓고 돌아누워서도
방 안은 부질없는 침묵만 타오를 뿐
아, 그러나 아침엔
돌아앉아
어제의 그 양말에 다시 발을 끼워 넣는다.

두 개의 대지에서 하나의 하늘을 노래하다

김형수 시인, 문학평론가

1.

루소를 열광하는 사람은 많다. 국가와 사회조직을 구상하기보다 자연에 도취된 열광자로서 루소는 자기 자신과 자연 앞에 완전히 홀로서 있고자 했다. 역사의 영점에서 루소는 자신의 국가, 사회 그리고 생의 영역에 있어서 역사의 가치를 초월한다. 그러면서 이성으로는 포착할 수 없는 존재의 확실성을 진술하는 데 성공한다. 나는 전성호 시인을 볼 때마다 루소적 상태, 즉 '홀로(체제와 더불어서가 아니라)'가 발하는 전이의 인광을 본다. 전성호 시인이 서 있는 곳은 언제나 '국가'와 '사회조직'이 아니라 대지이며, 전성호 시인의 시적 열정은 언제나 그런 가치들(또는 편견들) 속의 일이 아니라 이성으로 포착되지 않는 '존재의 확실성'에 대한 진술이다. 타자의 문화와 풍속 앞에 그처럼 자유로운 인간은 드물 것이다. 동유럽 여러 나라를 돌면서 살 때도, 부산의 일상을 지킬

때도, 지금처럼 미얀마에 있을 때도 그것은 마찬가지다.

2.

풍자가 아닌 해학의 미덕은 하나의 '상황' 또는 '사태'가 어떤 의미나 지향을 갖기 전에 지워지거나 완성된다는 데 있다. 아파트의 노인이 놀이터에서 그네를 태우려고 하는 강아지와 벌이는 '소극'(「솜방망이 꽃」)은 언제나 도로(徒勞)에 그치고 만다는 점에서 통쾌한 웃음도 작은 의미도 이루지 못한다. 하지만 이 에피소드를 통해 만나게 되는 엉뚱함 또는 특별함(?)은 누군가 혼자 방 안에 있을 때 예고 없이 방에 들어서는 상황 같은 풍경의 어긋남이다. 웃음은 의미도 언어도 아닌 '그 이전'이다. 전성호의 이번 시집에는 이런 풍경이 자주 등장한다. 시 「야외 공연」이나 「장자의 찜질방」 같은 작품들 역시 이런 경계에 있다.

진액을 토해내는 미련한 몸
겉저고리에 묵은 찌끼 바깥 공기와 맞닿아
한순간 새처럼 몸이 가볍다

수수께끼 같은 숯가마
불돌로 환부를 찜질하는 지옥 방을 나서는데
불김이 눈을 밝게 해
부릅뜬 눈 가마 벽에 바짝 들이댄다
뿔그스름해진 아줌마 큰 궁둥이
아궁 쪽을 향해 치켜든

두덩 아래 불김이 확 쳐들어간다
한 방에 마른땀을 거둬 가는
찜질방, 장주의 나비처럼 불끈
가벼워진 하루.

_「장자의 찜질방」 부분

그러나 이것을 그가 무슨 특별한 도나 깨달음에 이르렀다는 증후로 보기는 어렵다. 오히려 무겁고 해결 불가능한 '상황'들의 틈새를 가로지르며 발견하는 숨구멍에 가깝다. 일견 단순하고 직설적인 것처럼 보이는 시들은 오랫동안 삶의 무거움을 무거움 자체로 받아들이기를 마다하지 않은 자들이 의미에서 놓여나는 순간의 미묘함을 확인하는 자리 같다. 그래서 그가 이 손잡이 없는 의자에서 일어설 때 보여주는 장면은 역동적이기 짝이 없다.

「고양이는 아침을 뒤집고」에서 "앙칼지게 뼈가 자라는 순간"이라고 말하는 '찰나'는 먹이사슬의 엄혹함이 얼마나 치열한 것인지를 웅변한다. 삶의 곤혹스런 심연은 예측할 수 없는 위험으로 가득 차 있다. 이 위험은 선택적이지도 유보적이지도 않다. 예측 가능한 논리와 확률을 용납하지 않으며 반복적이지도 않다. 오직 '뼈가 자랄 만큼' 비약적인 직관의 순간만을 요구할 뿐이다. 온몸을 던져 넣는 존재의 이행은 그래서 탈문법적인 의외의 결과를 동반하기도 한다.

3.

자크 아탈리가 『21세기 사전』에서 언급한 '도시의 유목민들'은 이제

예언적 언술이 아닌 실재하는 압도적 현상이 되었다. 오늘도 노트북이나 스마트폰으로 무장한 유목민들은 국경의 안팎을 가리지 않고 도시에서 도시로 이동하며 시공간을 축소시키고 있다. 노동과 자본이 국경을 넘은 지는 이미 오래됐다. 하나의 모국어가 거느린 대지는 이제 하나가 아닌 것이다. 양곤과 인천을 수없이 오가며 '사업'을 하는 전성호에게 이러한 문제는 하나의 거울에 하나를 되비추는 대칭적 차원을 넘어 그것들이 뒤섞이는 단계에 이르러 있다.

가뭇없는 갈맷빛 잔등 위를 비행하다 보면 양곤에서 인천까지
녹아내리다 다시 길을 트는 아득한 지상의 무늬, 별다를 것 없는
산맥과 강들 나라와 나라들, 이미 거기 다 보인다

앞도 뒤도 없는데 가고 오면서 사라지고 돋아나는
지상의 풀잎들 매 순간 다른 지도를 그린다

달라지는 것은 무엇일까 잎맥을 따라 진화하는
물소리의 높낮이, 길게 기우는 지구
인천에서도 양곤에서도 아픈 내 몸
솟구치는 야자나무나 휘어지는 소나무들
의지나 기적 대신 그대
잠시 벽 없는 물 위에 몸을 놓아라

(중략)

끝내 하나가 되지 않는 들판에 어린

풀잎들 스스로 죽음의 높이를 측정하는 시간.

_「파도인 듯 풀잎인 듯 바람인 듯」 부분

십 수 년이 넘도록 양곤과 서울, 부산을 오가며 일하는 그에게 현실이란 인과적인 맥락이 작동하는 정체성의 문제라기보다 오히려 정당성과 같은 모럴(moral)의 문제이기 쉽다. 어디든 사람이 살고 있으며, 그들은 '지금 이곳'의 삶을 영위한다. 디아스포라의 문제가 심각한 차별과 소외의 문제로 이어지는 것은 글로벌한 문명의 흐름을 역행하는 일이다. 개인이든 집단이든 상호 승인과 인정은 개인들의 삶에 있어 최소한의 근거다. 이주 노동자들의 권리나 소수민족의 문제 모두 정체성에 관한 상호 승인과 인정에 바탕을 두어야 해결 가능하다. 국가주의의 관성과 관습 속에서 뒤섞이고 뒤섞이는 세계는 폭력과 강제를 통해 해결할 수는 없음이 자명해지고 있다. 국경의 장벽과 이민자 정책, 이주 이산의 문제는 갈수록 더 큰 질문이 될 수밖에 없다. 그런 층위에서 이러한 현실을 당위로 살아가는 사람들의 목소리는 이제 겨우 시작이라고 보아야 한다. 부족 방언을 통한 주술이 상호성 속에 녹아들 때 어떤 세계가 그려질 수 있을까.

4.

양곤에서 인천으로 비행하는 동안 창밖으로 보이는 대지는 "별다를 것 없"다 "산맥과 강들 나라와 나라들, 이미 거기 다 보"일 뿐이다. 이것은 단순한 풍경과 현상에 그치는 일일 수 없다. "앞도 뒤도 없는데 (중략) 지상의 풀잎들 매 순간 다른 지도를 그린다." 시인 김근은 전성호가 견디는 이 같은 상호성의 문제를 '불가능한 가상을 향한 불가능한 몸짓'이라고 했다. "인천에서도 양곤에서도 아픈 내 몸"은 이 시집의 핵심을 보여주는 구절이다. 한국의 현실과 미얀마의 현실을 온몸으로 체감하면서 보여주는 일, 스스로 두 나라 사이의 아픈 현실의 가교 또는 메신저를 자처하는 일, 그러면서 두 나라에서 스스로 이방인이 되어 익숙해져버린 현실의 아픔을 이방의 시선으로 다시 보여주는 일이 전성호가 아픈 이유라고 그는 진단했다.

김근의 진단대로 전성호가 미얀마의 현실을 그리는 작업은 절망스럽다. 7년 전 거대한 사이클론이 벵골만과 안다만 연안의 미얀마를 덮쳐 물지옥이 되어버렸을 때 그는 현장에서 이 끔찍한 재앙을 겪어야 했다. 그가 "햇살 비추는 것도 무서운/나르기스의 나라"라고 비명을 토해놓은 시 「나르기스」는 그래서 한 편의 다큐멘터리에 가깝다. 압도적인 현실은 시가 되어주기보다 증언이 되고 마는 경우가 더 많다.

> 풍선처럼 온 하늘이 부풀어 오르는 것을 보았다
> 2008년 5월 1일 12시에서 18시까지
> 미얀마 북태평양 남서부 상공
> 서쪽 하늘이 무너져버렸다
>
> 살아남은 자들의 입도 눈도 귀도 사라졌다
> 순식간이었다 17만 명의 얼굴과 손발이 사라지는 것은
>
> 벵골만 안다만을 들어 올려 물속에 던져버린
> 태풍 나르기스
> 하늘 아래 무서운 고요

장송곡마저 들을 수 없었다
아무도 모르리 은둔의 세상
침묵으로 다 타 재가 된 나무들

뻰살루 섬(뻰살루 D/T, 레진궝, 짜자웅, 콩지/와보공/꾸인냐/닛따〔카렌족의 크리스천 마을〕), 하인지 섬, 보글레이, 모존, 디데예, 에잉메, 라뿟다, 꼰잔공……

의미도 형상도 없는
물빛 죽음의 아침
미얀마의 고요한 하늘
사라진 거목들
사라진 새들

죽은 눈동자를 태우는 긴 어깻숨
검은 연기를 따라 어제도 오늘도 안다만 물속을
걸어 나오는 물귀신들 헤아릴 수 없다

불탑 너머 느린 구름 사이
야자수 넓은 잎사귀
햇살 비추는 것도 무서운
나르기스의 나라.

_「나르기스」 전문

나르기스의 나라. "장송곡마저 들을 수 없"으며 "오늘도 안다만 물속을/걸어 나오는 물귀신들 헤아릴 수 없다"라고 노래하는 전성호에게 나르기스는 끝나버린 천재지변이나 재앙이 아니다. 영국의 식민 지배를 벗어나 새로운 근대를 기획도 해보기 전에 오랜 군부 통치가 계속되는 미얀마의 현실은 분단의 현실을 수락하면서 살고 있는 한반도의 숙명보다 나을 게 없다. 135개 종족이 모여 살면서 끝없이 국지적 내전을 치르는 나라에서 살아가는 전성호에게 미얀마는 '두 시간 반'의 시간적 거리를 둔 한반도의 현실과 크게 다르지 않다. 나르기스라는 자연재해 앞에 노출된 미얀마 군부의 대응에 그는 절망하고 분노했으며 아시아 주변부 국가들의 운명을 동시적인 것으로 파악한다. 지난해 봄 그는 귀국과 함께 또 하나의 나르기스를 겪게 된다. 세월호의 참사가 그것이며 광화문 네거리에서 마주친 노란 리본이 그것이다. 고통에 고통을 더하는 현실은 부재에 부재를 덧칠하는 가상의 희망을 낳기 쉽다.

매운바람, 빈 골짜기에 눈석임물 흐른다
어깻부들기 수평으로 눈을 맞춘다
넘치지도 기울지도 않는 네 수평은 깊어
북한산 능선에 걸려 발목이 잘린다
오늘은 가회동 옥상 너머
흰 바위 솔밭 잔설 어디쯤
봄에 떠난 물소리 귀를 내민다

떨어져 내린 신발과 핸드폰 문자를
끌어 올린 산정 눈부시게 환해
흰 구름 같은 발자국들 둥둥 떠 흘러온다
청계광장 낮은 거리로 내려가는 물소리

집집마다 문을 두드리는 파도 소리

삼청공원 숲을 지나
높은 산 이마에
노란 리본을 묶어준다
산 정상의 흰 눈을 담임선생님처럼
모시고 집으로 돌아오는 하행길

먼 곳에서 수평의 금빛 눈물 반짝이는 봄.

_「집집마다 문을 두드리는 파도 소리」 전문

너무나 닮은 두 나라의 현실을 살면서 그는 자신도 모르게 '사라짐'(「식탐」)과 '흘러감'(「허상진」)에 예민해지고 있다. 물론 구체적인 현장의 매 순간에 집적되는 삶의 고투를 외면하는 것은 아니지만 '지금 이곳에 없는' 부재를 확인하는 작업이 자칫 '혼자만의 외로운' 거처로 파고드는 일이 되지 않기를 바란다. 「각 깎기」의 "곧은 말을 박아 넣는" 젊고 "사나운 사내들"이나 끝없는 부활을 노래하는 장쾌한 호흡의 「이방인이 되어」는 많은 염려를 무색케 하는바, 그에게 "개미들이 가다가 한 번씩 멈추는 천년의 시간/망고 나무 잊지 않고 지나가는/그늘의 뒤축에서 나는 태어나고 있"음을 믿어도 좋을 것 같다. 그의 풀잎들은 "죽음의 높이"를 체득한 만큼 부활의 노래 역시 역설에 역설을 더해 생명을 잉태하리라.

모국어로 빚은 미얀마의 빼어난 서정을 한 번 더 소개한다.

돈을벌 없어 밤새껏 이슬을 만드는데
게으른 생각들만 겹쳐 물방울 위에

물방울 낳고 또 낳는다
차라리 마음이 없었으면 했어
햇볕 따라 가는 이슬 뒷자리
풋잠 뒤끝 폭풍 속에서
눈물 보여주지 않는 이슬들
철 지난 나뭇잎들 몰래
물 끌어당기는 소리
차라리 들리지 않았으면 했어
빈민굴을 오가는 자전거 택시들
아침마다 두꺼운 근육을 풀어
양곤 강을 끌고 가는 소리
마구 피어오르는 세인빤 붉은 꽃
차라리 피지 않았으면 했어
이슬 속 쉐빠간 봉제 공장 가는 길.

_「세인빤을 들어 올리는 이슬」 전문

흙탕물 속에서 물고기가 된 듯 뛰어노는 아이들, 잿빛 습지 속에서 자라는 풀과 쓰레기들, 트럭에 사람을 가득 싣고 달리는 라인 카들, 하수구와 수돗물이 없어도 금빛 불탑과 세인빤의 향기에 기대 하루하루의 굴욕을 이겨내는 남루한 사람들. 나는 매일 이들을 바라보며 살고 있다. 나는 이곳에 둥지를 틀고 미얀마와 모국의 시계추가 된 지 15년째다. 먼지와 뒤섞인 매캐한 햇살과 열대의 잎 큰 나무들, 얼핏 보면 미얀마에서의 시간은 느리게 고여 썩거나 무위의 투명한 감옥에 자신을 열어두는 일뿐인 것처럼 느껴지기 쉽다.

하지만 그렇게 간단한 곳이 어디 있겠는가. 숨만 쉬어도 정치요 권력인 것은 이곳도 마찬가지다. 오히려 이곳에서 보면 높은 언덕에 올라서서 들판을 내려다보듯 선명해지는 것들이 많다. 제국들의 각축과 주변부 국가들의 야만적인 통치는 물론 아시아의 전 지역에서 거의 같은 수준의 고통을 양산하는 힘이 무엇인지 명료하게 보이고 만져진다.

따라서 내외국인을 막론하고 한 입, 한 발만 잘못 내디디면 그곳이 벼랑이요 절벽인 것이 이산자들의 고단한 삶이다. 끝없이 분절적인 소외와 배제의 호흡 속에서 '살아 숨 쉬는 일'의 온전함과 생명 지닌 것들의 설레는 흔적을 놓치지 않기 위해 자신을 들여다보는 일조차 때론 쉽지 않다.

존재 전체를 지워버리고 싶을 만큼 목메는 분노를 삼킨 채 땀에 전 시장 바닥을 조용히 바라보며 포기가 아닌 화해를 생각하는 일이란 결국 위험 속에 자신을 던져 넣는 일뿐이라는 것을 거듭 확인할 뿐이다. 언제쯤 바위의 귀에 진실의 말을 전할 수 있을까. 여전히 고향은 멀다.

전성호